Die Ringe sind im Auto

AF169072

Das Buch

„Alles, was schiefgehen kann, wird auch schiefgehen." Das bekannte Gesetz von Edward Murphy gilt überall – auch in der Kirche. Diese Sammlung von Anekdoten, Erfahrungen und Pannen zeigt mit viel Augenzwinkern, was da so alles geschehen kann. Zum Schmökern, Lachen, Bessermachen. Für Menschen, die selbst in der Kirche tätig sind. Für alle, die Veranstaltungen organisieren, ob kirchlich oder nicht. Und natürlich vor allem: Für Menschen mit Humor.

Der Autor

Heiko Kuschel ist evangelischer Pfarrer in Schweinfurt. Für dieses Buch sammelte er vor allem auf Twitter und Facebook Beiträge und Erfahrungen. Das eine oder andere ist aber auch selbst erlebt …

Die Illustratorin

Anne Kuschel lebt derzeit in den Niederlanden und studiert Psychologie.

Heiko Kuschel

Anne Kuschel (Illustrationen)

Die Ringe sind im Auto

Was schiefgehen kann, geht schief. Nicht nur in der Kirche.

Bibliografische Information der Deutschen Nationalbibliothek: Die Deutsche Nationalbibliothek verzeichnet diese Publikation in der Deutschen Nationalbibliografie; detaillierte bibliografische Daten sind im Internet über www.dnb.de abrufbar.

© 2015 Heiko Kuschel

Herstellung und Verlag:
BoD – Books on Demand, Norderstedt

ISBN 978-3-7347-5765-5

www.die-ringe-sind-im-auto.de

Inhalt

Die Regeln 8
Wie es zu diesem Buch kam 101
Danke. 103
Mehr von Heiko Kuschel 109

Zeichnungen

#18: Es ist so dunkel! 12
#31: Liebe Gemeinde, Milch, Amen.15
#57: Feurige Predigt 21
#78: Es geht nicht weiter 25
#80: Bisschen viel Papier. 27
#121: Miau!. 36
#128: Dem Hausmeister geht's gut 38
#159: Lasst mich hier raus!. 45
#211: Definitiv falsch verbunden! . 57
#238: Unterwegs im Auftrag des Herrn 63
#265: Frohe Weihnachten, Maria! . 69
#309: Soo ein schöner Kelch! 79
#319: Kleines Malheur. 82
#321: Kuckuck, Mama! Amen. 84

Die Regeln

 # 1 Es kommen nicht die, die sich angemeldet haben. Aber ungefähr genau so viele.

 # 2 Wenn Sie für 50 Leute Stühle stellen, kommen 20. Stellen Sie nächstes Mal für 20, kommen 70.

 # 3 75% aller Anmeldungen kommen nach Anmeldeschluss.

 # 4 Der Beamer funktioniert nicht.

5   Da, wo man das Mikrofon braucht, ist ein Funkloch. Oder Rückkopplung.

6   Das Stromkabel ist entweder 2 cm zu kurz oder 20 m zu lang oder hat eine Steckdose zu wenig.

7   Es reicht nicht, den Raum zu buchen. Man muss auch dem Hausmeister sagen, dass er heizen soll.

8   Die Dame, die den Schlüssel vorbeibringen sollte, sitzt 200 km entfernt in einer Konferenz. Mit Schlüssel.

9   Der Schlüssel liegt im Sekretariat. Das hat morgen wieder geöffnet.

 # 10 Es gibt in Deutschland einen zweiten Ort mit dem gleichen Namen. Dort befindet sich der hochkarätige Referent.

 # 11 Wenn Sie schon morgens Tische stellen, dekoriert später der Seniorenkreis für die morgige Feier um.

 # 12 Die PowerPoint-Präsentation befindet sich auf dem anderen Rechner.

 # 13 Die Presse hat die Uhrzeit eine Stunde später angegeben. Auf der Website steht es eine Stunde zu früh.

14   Die Veranstaltungsadresse ist nur im Smartphone gespeichert. Das gibt auf dem Weg zur Veranstaltung den Geist auf.

15   „Sie wollten mir doch diesen Text ausdrucken?"

16   Dass man nicht abgesprochen hat, wer für die Verpflegung sorgt, fällt zwei Minuten vor der Veranstaltung auf.

17   Die Absage einer Veranstaltung mangels Anmeldungen erinnert viele, sich endlich anzumelden.

18   Stromausfall passiert grundsätzlich nachts.

 # 19   Bei 20 Teilnehmenden gibt's nur eine Industriespülmaschine (ab 50 Gedecke einsetzbar.) Bei 500 Teilnehmenden gar keine.

 # 20   Das Essen wird grundsätzlich während der stillen Gebetsphase in der Andacht geliefert.

 # 21   Es fehlt immer das Namensschild von der Mitarbeiterin, die am schnellsten beleidigt ist.

22 Die Rückseite des Blattes ist immer falsch herum kopiert.

23 Die Nebelmaschine aus der Disco für die Jugendlichen löst zuverlässig gegen 24:00 Uhr Feueralarm aus.

24 Es sind zwar Kerzen da, aber keine Streichhölzer. Und auch keine Raucher im Publikum.

25 Wenn die Veranstaltung rappelvoll ist und viele Pressevertreter anwesend, steckt der Festredner im Stau.

26 Derjenige, der den Schlüssel hat, kommt immer als letzter vom Team.

 # 27 Eine Woche vor der Großveranstaltung kommt heraus, dass der Raum anderweitig belegt ist.

 # 28 Nach telefonischer Terminvereinbarung für den 24. Juni kommt der Referent am 24. Juli.

 # 29 Die Präsentation ist in der Cloud gespeichert. Es gibt im Vortragsraum aber kein Internet.

 # 30 35 Leute stehen vor der verschlossenen Tür. Der hinterste hat den Schlüssel. (Konfirmanden-Special)

 # 31 Dort, wo die Predigt sein sollte, findet sich die Einkaufsliste von gestern.

#31

 # 32   Das Vortragskonzept ist ordentlich eingeheftet. Aber Seite 3–5 fehlen.

 # 33   Der einzige Druckfehler in der Festschrift ist der Name des Ehrengastes.

 # 34   Die Spendenkontonummer steht falsch im Programm.

 # 35 Das Programmheft wird am Tag danach geliefert. Gleich früh um 7:00 Uhr.

 # 36 Das Vortragskonzept ist im Tablet gespeichert. Der Akku ist leer.

 # 37 Wenn die Band draußen aufbaut, regnet es abends. Wenn drinnen, scheint die Sonne.

 # 38 Der Raum ist doppelt belegt. Die anderen sitzen schon drin.

 # 39 Die zum Abschluss der Konfirmanden-Radtour versprochene Eisdiele hat Ruhetag.

40   Nach drei Stunden Anfahrt hat das Museum wegen Wasserrohrbruchs geschlossen.

41   Für diese Zielgruppe gibt's am gleichen Tag sieben weitere Veranstaltungen.

42   Nein, die Veranstaltung ist nicht am 6. 7., sondern war am 7. 6.

43   Fußball geht vor.

44   Der Busfahrer wartet ganz woanders.

45   Wird eine Freiluft-Veranstaltung wegen Dauerregens abgesagt, scheint abends die Sonne.

46   Am Ziel des Ausflugs stellt sich heraus, dass es das falsche Neustadt ist.

47   Die Mikrofon-Batterie ist leer. Alle anderen Batterie-Varianten sind auf Vorrat vorhanden.

48   Das Stromkabel vom Beamer fehlt.

49   Der Beamer geht, auf dem Laptop ist noch ein vertrauliches Dokument geöffnet.

50   Wenn alle dem Redner gebannt an den Lippen hängen, klingelt ein Handy: Ententanz.

51   In der Pressemitteilung stand „Dienstag, der 12.", obwohl Dienstag der 11. ist.

52   Weihwassersprengel und Funkmikrofon sehen sich ähnlich. Tunken ins Weihwasser ist nicht gut fürs Mikrofon.

53   Der angemeldete Vegetarier ist leider auch gegen Tomaten allergisch. Das hat er nicht gesagt.

54   Der angemeldete Vegetarier ist auch gegen Tomaten allergisch, wie sich nach dem Essen herausstellt.

55   Die zwei, die unbedingt ins Leitungsteam wollten, sagen zwei Tage vor der Veranstaltung ab.

56   Die Steckdose der Lautsprecheranlage hat einen Wackelkontakt.

57   Die Heizdecke für Pfarrers Füße fängt während der Predigt Feuer.

58   Die Industriespülmaschine hätte zwei Stunden vorgeheizt werden müssen.

59   Die Fleischesser halten das vegetarische Gericht für eine Beilage. Bis die Vegetarier ans Buffet kommen, ist nichts mehr da.

60   Der Gast, der nicht auf der Anmeldeliste stand, hat sich wirklich nicht angemeldet. Weiß er aber nicht.

#57

 # 61 Tinte/Toner sind immer pünktlich zum Ladenschluss alle.

 # 62 Bei einem achtseitigen Programmheft sind die vier inneren Seiten genau falsch herum gefaltet.

 # 63 Der Beamer funktioniert. Aber keiner weiß das Gerätepasswort.

 # 64 Fragt der leicht verspätete Referent nach dem Weg, wird er von Passanten grundsätzlich in die falsche Richtung geschickt.

 # 65 Die Websites, auf die der Referent seinen Vortrag aufbauen will, sind aufgrund der Sicherheitsbestimmungen gesperrt.

66   Die Hauptdarstellerin der seit Monaten ausgebuchten Veranstaltung ist schwanger und muss sich schonen.

67   Wenn ein Schlüssel runterfällt, dann immer über dem Heizungsschacht.

68   Heizungsschächte in der Nähe des Brautpaares machen den Ringwechsel zu einem unvergesslichen Erlebnis.

69   „Und nun gebt einander die Ringe ..." Bräutigam: „Die sind noch im Auto."

70   Der Beamer funktioniert – und zeigt den erotischen Bildschirmschoner, über den im Büro alle lachten.

71   Wenn das Plakat in einer Stunde zur Druckerei muss, ist die Bilddatenbank offline.

72   Dass der Stöpsel in der Industriespülmaschine fehlt, merkt man erst, wenn schon 1000 Liter Wasser durch sind.

73   Nur die Lautsprecher nahe beim Redner sind an, so dass er denkt, alle können ihn gut hören.

74   Durch einen kleinen Tippfehler führt die im Programm angegebene Internet-Adresse auf eine Erotikseite.

75   Zehn Minuten nach Beginn des Vortrags steht fest: Das ist nicht der Redner, der eingeladen werden sollte.

 # 76 Das neue Whiteboard, Stolz des Vortragsraums, wird nach einer Woche vom Gastreferenten mit Edding beschrieben.

 # 77 Programme mit dem Drucker ausdrucken und dabei rausgehen verursacht Papierstau zehn Sekunden nach Verlassen des Raums.

 # 78 Das ausverkaufte Konzert muss ausfallen, weil der Chorbus eine Panne hatte.

#*79* Dass statt 100 Brötchen 1000 geordert wurden, fällt erst auf, wenn die Lieferung da ist.

#*80* Dass statt zehn Packungen Klopapier zehn Paletten geliefert wurden, bringt ungeahnte logistische Probleme mit sich.

#*81* Statt 800 Programmheften wurden leider nur 80 gedruckt.

#*82* Die Karten für die nummerierten Plätze 1–100 wurden doppelt verkauft, dafür 200–300 gar nicht.

#*83* Die Halle ist geputzt zu verlassen. Die Putzmittel sind weggesperrt. Nachts um zwei.

 # 84 Der Referent hat das völlig falsche Redekonzept dabei. Merkt aber keiner.

 # 85 Es gibt zwar eine ausgesprochene Spezialistin zum Thema, die hat mit der eingeladenen Person aber nur den Namen gemeinsam.

 # 86 Das wichtige Material für die jährliche Veranstaltung wurde bei der letzten Großputzaktion entsorgt. Sorry.

 # 87 Lebensmittel werden grundsätzlich durch „in-den-Kühlschrank-stellen" entsorgt.

 # 88 Die 50 übriggebliebenen Brötchen kann der Pfarrer ja morgen essen.

 # 89 Die 1000 Plakate wurden tatsächlich über Nacht gedruckt. Sehen gut aus, nur leider spiegelverkehrt.

 # 90 Die Verwaltung hat die Rechnung des Tagungshauses an ein vor fünf Jahren aufgelöstes Konto überwiesen.

91   Wenn das Wechselgeld wieder bei der Bank ist, kommt der Letzte und will 8,24 € mit einem Hunderter bezahlen.

92   Der Gastprediger steht pünktlich vor der falschen Kirche. Weil dort später Gottesdienst ist, wartet er.

93   Die Referentin hat kistenweise Material mitgebracht. Nur die Mappe mit dem Konzept liegt zu Hause.

94   Die einzige Steckdose in der Nähe der Band fällt fünf Minuten vor Beginn aus.

95   Die Verwaltung hat die Rechnung an das falsche Tagungshaus überwiesen.

96   Das Tagungshaus hat die falsch überwiesene Summe einer anderen Rechnung zugeordnet. Fiel nicht auf.

97   Auf dem Handy des Pfarrers ruft nie jemand an. Außer während der Predigt.

98   Sicherungen fallen immer dann aus, wenn der Hausmeister nicht erreichbar ist.

99   Erst wenn die 1000 Plakate verteilt und aufgehängt sind, fällt der Fehler im Datum auf.

100   Ein Glas Wasser reicht, um ein Redekonzept völlig unleserlich zu machen.

 # 101 Ein Glas Wasser reicht, um den Laptop des Referenten unbrauchbar zu machen.

 # 102 Es gibt in diesem Raum keine freie Wand, an die man die Präsentation projizieren könnte.

 # 103 Einmal übers Kabel stolpern reicht, um Beamer und Laptop zu zerstören.

 # 104 Der Redaktionsschluss für die Festschrift war den Mit-Autoren gar nicht bekannt.

 # 105 Der ans Soundsystem angeschlossene Laptop verkündet in der stillen Phase der Andacht lautstark das gelungene Update.

#106   Bei der eigenen Hochzeit des Pfarrers ist zum ersten Mal in der Geschichte der Kirche die Lautsprecheranlage kaputt.

#107   Die Person, die unbedingt selbst den Hauptredner einladen wollte, hat's vergessen. Tschuldigung.

#108   Der wichtige Textbeitrag zur Festschrift trudelt zwei Minuten vor Druckabgabe ein und ist 400 % zu lang.

#109   Das gelieferte Titelbild fürs Programmheft hat eine Auflösung von 40x56 Pixeln.

 # 110 Die Rechte für das Bild im Heft sind geklärt, die Layouterin hat aber vergessen, die Quelle dazu zu schreiben.

 # 111 Entweder hatte der Referent schon ein paar Schnäpschen oder er redet immer so wirr.

 # 112 Die Kerzengruppe löst während der Andacht automatisch Feueralarm aus.

 # 113 Dass die toll gemachte Pressemitteilung gar nicht verschickt wurde, fällt erst zu Veranstaltungsbeginn auf.

 # 114 Die in der ausgeteilten Broschüre genannten Weblinks sind am Tag nach dem Druck schon veraltet.

115 Nach der zweistündigen Flyer-Falt-Aktion der Konfirmanden fällt auf, dass das Datum nicht stimmt.

116 Textbeiträge zu Programmheften kommen grundsätzlich frühestens zwei Tage nach Redaktionsschluss.

117 Das Vortragskonzept ist auf dem Tablet gespeichert. Dieses installiert mitten im Vortrag ein Update und startet neu.

118 Lieber Plakat-Gestalter, es heißt 21. 04. 2014 und nicht 20. 14. 2104.

119 Die Korrektur eines Fehlers im Entwurf einer Broschüre erzeugt zuverlässig zwei neue.

120 Der morgens extra im Sekretariat abgeholte Schlüssel passt nicht.

121 Das vorbereitete kalte Buffet hat dem Kater des Pfarrers offensichtlich gut geschmeckt.

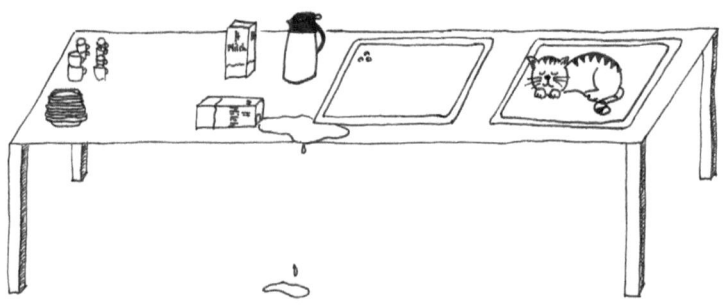

122 Der für die kreativen Kleingruppen bereitgelegte Kleber ist schon seit drei Jahren eingetrocknet.

123 Leider hat niemand dran gedacht, die 1000 Einladungen vor dem Versand mit „Entgelt bezahlt" freizustempeln.

124 Die Band kommt mit vier vollgepackten Autos. Wegen des Frühjahrsmarkts ist eine Anfahrt unmöglich.

125 Die 5000 Flyer wurden gedruckt. Datum steht keines drauf.

126 Wenn schwere Kisten über mehrere Stockwerke transportiert werden müssen, ist der Aufzug defekt.

127 Sofort nach der Anlieferung der 10000 Flyer fällt auf: Der Veranstaltungsort fehlt.

128 „Sie brauchen Strom? Aus dieser Steckdose? Der Hausmeister hat leider Urlaub."

129 Zeitumstellung: Ein Konfirmand hat die Uhr in die falsche Richtung verstellt und kommt zwei Stunden zu spät.

130 Weil die Küsterin den Kirchenschlüssel vergessen hat, muss die Hochzeitsgesellschaft durch die Sakristei in die Kirche.

131 Wenn anschließend ein weiterer Termin ansteht, kommt das Brautpaar 45 Minuten zu spät zur Kirche.

132 Niemandem ist aufgefallen, dass ausgerechnet jesus auf allen Werbemitteln klein geschrieben ist.

133 Das Tablet mit dem Vortragskonzept hing über Nacht am Ladegerät. Nur die Steckdose war ausgeschaltet.

134 Nach einer Stunde fällt auf: Die Hälfte der Teilnehmer wollte eigentlich zu einer ganz anderen Veranstaltung.

135 Auf der Titelseite prangt noch die Vorschau-Version des Bildes, komplett mit Wasserzeichen.

136 In der Osternacht kippt zuverlässig eine der Kerzen in den Bänken aus der Halterung.

137 Der Träger des Friedenslichtes hat kein Feuerzeug in der Hosentasche, um das erloschene Licht wieder anzuzünden.

138 Abendmahl im kerzenerleuchteten Chorraum führt zu brennenden Haaren einer Teilnehmerin.

139 Die im Flyer erwähnte Domain sollte eigentlich noch schnell reserviert werden. Ist aber schon vergeben.

140 Das als Aufnahmegerät verwendete Smartphone fällt während der Predigt von der Kanzel.

141 Alle Druckerpatronen sind auf Vorrat vorhanden. Außer die, die gerade leer wurde.

142 Dass der Besprechungstermin verschoben wurde, wissen nur zwei aus dem Team.

143 100 Liedblätter wurden gedruckt. Mit der Seitenfolge 1 – 2 – 5 – 4 – 5 – 4 – 7 – 8.

144 Der Lieferwagen des Caterers musste eine Vollbremsung machen. Das Essen hängt jetzt an der Trennscheibe.

145 Im zehnköpfigen Team kursieren drei verschiedene Ersatztermine für die Sitzung.

146 Alle 300 Eintrittskarten wurden durch ein Versehen doppelt verkauft.

147 Von den 100 geplanten achtseitigen Liedheften bleiben nach Abzug der Fehldrucke 42.

148 Nach dem Glockenläuten kommt kein Orgelvorspiel. Oh: Die Organistin hat Urlaub.

149 Es gibt 40320 Möglichkeiten, acht Seiten einer Broschüre anzuordnen.

150 Zu Beginn des Gottesdienstes stellt sich heraus: Der Mesner hat die Gottesdienstmappe weggeräumt und ist heimgegangen.

151 Um 100 achtseitige Broschüren zu drucken, benötigt man inklusive Fehldrucke 698 Blatt Papier.

152 Die Freizeit war so günstig, weil keiner das Essen für die Teilnehmenden eingerechnet hat.

 # 153 Bei jedem echten Kinderzeltlager fließt Blut.

 # 154 Der Junge, der beim Zeltlager in eine tote Wespe trat, ist allergisch auf Wespenstiche.

 # 155 Der ohne Brille fast blinde Freizeitteilnehmer zerstört seine Brille schon vor der offiziellen Eröffnung.

 # 156 Nach der Heimkehr werden Taschen grundsätzlich so positioniert, dass der Bus beim Wegfahren drüberfährt.

 # 157 Nicht ausgeschaltete Kaffeemaschine am Freitag bewirkt ungewohnte Bürodüfte am Montagmorgen.

 # 158 Seit Wochen heizte die Industriespülmaschine. Zwei Stunden vor Benutzung hat sie dann doch jemand ausgeschaltet.

 # 159 Der Bus zur Kinderfreizeit muss nochmal zurückfahren. Eine Mutter hat vergessen auszusteigen.

160 Der groß angekündigte Gastredner kommt viel zu spät. Dafür muss er früher weg.

161 Wenn das Mittagessen á la carte schon eine Woche vorher bestellt werden musste, weiß keiner mehr, was er hatte.

162 Das wegen des engen Zeitplans extra vorbestellte Essen wird eine Minute vor dem nächsten Termin serviert.

163 Das Vortragskonzept ist im Tablet gespeichert. Das hing über Nacht am Ladegerät. Nur leider am falschen.

164 Auch dem Busfahrer ist es peinlich: Sein Kollege hat den Bus ungeputzt hinterlassen.

165 Was für eine winzige Raststätte! Nach der Abfahrt zeigt sich: Das war die Tankstelle. 200 Meter weiter ...

166 Das Busunternehmen hat den Bus aus Versehen an zwei Gruppen vergeben. Die anderen sind schon weg.

167 Am Reiseziel stellt sich heraus, dass wohl doch ein Teilnehmer auf dem Rastplatz geblieben ist.

168 Der Koffer des Reiseleiters ist vermutlich am Abfahrtsort neben dem Bus stehen geblieben.

169 Die Gemeinde antwortet stur „Und mit deinem Geist." Auch auf „Mit dem Mikrofon stimmt etwas nicht."

170
Je länger die Anfahrt, desto wahrscheinlicher steht der Termin falsch im Kalender.

171
Diejenige, die das Essen mitbringen sollte, hat den Termin falsch notiert.

172
Nach zwei wunderschönen Wochen gibt's pünktlich zum Abbau des Zeltlagers Starkregen.

173
Wetterbericht für die Freizeit: Der erste Sonnentag wird der Tag der Heimreise sein.

174
In der Pause schnell ein Eis essen zerstört zuverlässig das Headset-Mikrofon.

175 30 Sekunden vor Zugabfahrt stellt sich heraus, dass die gesamte Reisegruppe am falschen Bahnsteig steht.

176 Nach der seltsam schlecht besuchten Veranstaltung findet sich ein Stapel nicht versandter Einladungen.

177 Vor dem Vortrag bekommt der Redner mit dem weißen Hemd etwas zu Essen. Mit Tomatensoße.

178 Wenn zwei Minuten vor Beginn noch schnell etwas ausgedruckt werden muss, startet der Computer neu.

179 Ein Tippfehler in der Datums-Bestätigungsmail macht den lange geplanten Termin zunichte.

 # 180 Je wichtiger ein Termin, desto unwahrscheinlicher ist es, dass er im Kalender steht.

 # 181 Die ganze Konfirmandengruppe steht am Bahnsteig. Die Fahrkarten liegen im Büro.

 # 182 Das Grußwort des Oberbürgermeisters in der Festschrift beginnt mit den Worten „Lorem ipsum".

 # 183 Je schwerer korrigierbar, desto peinlicher sind Druckfehler. Zum Beispiel auf Grabsteinen.

 # 184 Der besondere Gottesdienst schafft es fast nie in die Gemeindebrief-Gottesdienstliste. Außer, wenn er eigentlich ausfällt.

185 Nach dem mühsamen Eintragen von 30 Terminen im Online-Kalender fällt auf, dass bei allen die Uhrzeit falsch ist.

186 „Schnell noch was ausdrucken" ist nicht möglich: Jemand hat sich „mal kurz" das Druckerkabel ausgeliehen.

187 Den abzuholende Referent ist vermutlich am anderen Bahnhof ausgestiegen. Seine Handynummer liegt im Büro.

188 Das Plakat sollte eigentlich nur in DIN A3 gedruckt werden. A0 ist auch schön, nur ein bisschen groß.

 # 189 Das in der Kaffeemaschine war gar kein Wasser, sondern Entkalker, wie sich nach dem Servieren herausstellt.

 # 190 Die neue Pfarrerin verläuft sich auf dem Weg von der Kirche zum Friedhof.

 # 191 „Nur noch schnell das hier ausdrucken, gleich geht's los" – „Update 12 von 111 wird installiert."

 # 192 In diesem Online-Kalender beginnt die Woche mit Sonntag. Alle 30 Termine sind einen Tag zu früh eingetragen.

 # 193 Abends um 23:00 Uhr fällt dem Referenten auf, dass er gar nicht weiß, wo die Veranstaltung morgen früh um acht ist.

194 Das jahrelang vorbereitete Großereignis muss wegen eines Bombenfunds entfallen.

195 Ganz schnell noch das hier drucken! – Der Drucker legt eine fünfminütige Düsenwartung ein.

196 Das Material liegt im Pfarramt. Der Pfarramtsschlüssel liegt im anderen Auto.

197 Auch ein 200er-Pack Briefumschläge reicht nicht, wenn man 250 Briefe verschicken will.

198 Der sinnentstellende Fehler fällt erst beim Eintüten des vorletzten von 250 offiziellen Briefen auf.

199 Im ausgeteilten Informationsblatt steht ganz unten: „Für mehr Informationen hier klicken".

200 Die am Samstag dringend benötigte Tintenpatrone findet sich am Montagmorgen auf dem Schreibtisch.

201 Im gedruckten Flyer steht: „Mehr Informationen unter (Link noch einfügen)"

202 Dateien per Mail verschicken: 1. „Im Anhang finden Sie …" 2. „Entschuldigung, habe den Anhang vergessen"

203 Der Mail-Anhang mit der Einladung wurde vergessen. Die zweite Mail mit Anhang ging an die falsche Adresse.

204 Als zentrale Telefonnummer für die Großveranstaltung steht versehentlich die Faxnummer im Programmheft.

205 In der Programmübersicht fehlt ausgerechnet die zentrale Eröffnungsveranstaltung.

206 QR-Codes sind in. Auf dem Plakat ist nur leider ein völlig falscher abgedruckt.

207 Je wichtiger ein Dokument, desto größer die Kippneigung der Kaffeetasse daneben.

208 Der Gastpfarrer hat alles für den Gottesdienst dabei. Nur sein Talar liegt zu Hause.

#*209* Die Hausleitung des Freizeitenheims ist am Wochenende grundsätzlich nicht da.

#*210* Die Sekretärin hat den Mietvertrag nicht fristgerecht abgeschickt, sondern ins Archiv gesteckt. Jetzt hat sie Urlaub.

#*211* Durch einen Zahlendreher im Programmheft landen alle Anrufer ausgerechnet beim örtlichen Kirchenhasser.

#*212* Die Präsentation ist auf dem Laptop gespeichert. Der Referent hat in der Eile das falsche Netzteil eingepackt.

#*213* Die Telefonanlage gibt in der Nacht vor der Großveranstaltung ihren Geist auf.

#211

 # 214 Die Anrufe ans zentrale Veranstaltungstelefon werden wie geplant aufs Handy weitergeleitet. Nur aufs falsche.

 # 215 Der Ablauf für den Abend wurde für alle Teammitglieder ausgedruckt. Liegt daheim auf dem Drucker.

 # 216 Das vertrauliche Vorbereitungsprotokoll wurde aus Versehen an den Presseverteiler gemailt.

 # 217 Der Busfahrer kommt auf die Minute pünktlich. Einen Tag zu spät.

 # 218 Die Großkaffeemaschine, die 45 Minuten zum Kaffeekochen braucht, wurde rechtzeitig befüllt. Aber nicht eingeschaltet.

 # 219 Der direkt auf die Leinwand gerichtete Strahler lässt sich nur mit der gesamten Saalbeleuchtung ausschalten.

 # 220 Während der Pfarrer zum Taufgespräch bei der Familie klingelt, steht diese vor dem Pfarrhaus.

 # 221 Die Freizeit war so günstig, weil sie mit Excel kalkuliert wurde. Der größte Posten fehlt in der Summenformel.

 # 222 Die Kalkulation sah gut aus. Keinem ist aufgefallen, dass noch fiktive Ausgangswerte eingetragen waren.

223 Alle wurden zum Gemeindehausjubiläum eingeladen. Außer der in der Gemeinde wohnende damalige Pfarrer.

224 Der Fotoabend beginnt in 15 Minuten. Nur noch eben die 1236 MB Fotos auf den 1 GB USB-Stick kopieren.

225 Auf den frisch geprägten Vatikan-Münzen steht „LESUS".

226 Im Programmheft steht am Ende „Bitte noch passendes Bild dazu finden".

227 Als der Friedhofsangestellte die Urne absenken will, sagt die Witwe: „Falsches Grab!"

228 Bei der Kalkulation der Veranstaltung wurde leider die Mehrwertsteuer völlig vergessen.

229 Die Layouterin hat die falsche Datei geschickt. Nun ist sie im Urlaub.

230 Da auch die Einnahmen als Ausgaben in der Kalkulation standen, ist am Ende richtig viel Geld übrig.

231 Je knapper der Referent dran ist, desto länger ist die zu fahrende Umleitung.

232 Als die Großkaffeemaschine nach 45 Minuten endlich fertig ist, fällt auf: Das Kaffeepulver fehlte.

233 Der einzige Schlüssel ist vermutlich in der Hosentasche. Daheim in der Waschmaschine.

234 Den am Vorabend gemailten, stark veränderten Ablauf hat keiner der Mitarbeitenden mehr gelesen.

235 Nachdem alle Dokumente mühsam an die neue Gestaltung angepasst wurden, fällt der Tippfehler auf.

236 Auf der Festschrift zum 500jährigen Bestehen der Kirche ist der Name der Kirche falsch geschrieben.

 # 237 200 zahlende Gäste warten auf den Hauptredner. Der hat den Termin aber erst morgen im Kalender.

 # 238 Trüber Sonntagmorgen im Februar: Der kurzsichtige Pfarrer zerstört seine Brille. Als Ersatz hat er nur eine Sonnenbrille.

238

 # 239 Auf der linken Liedertafel stehen die Strophen 1–3+8, auf der rechten 1–4+7.

 # 240 Der Hauptredner dachte, er sei nur als Gast eingeladen. Einen Vortrag hat er nicht vorbereitet.

 # 241 Die Pfarrerin beginnt die Taufansprache mit den Worten: „Liebes Hochzeitspaar!"

 # 242 Der vereinbarte Tauftermin muss verschoben werden, weil das Kind noch auf sich warten lässt.

 # 243 Im Gemeindebrief steht zwar „wurde um eine Woche verschoben", aber kein Datum dabei.

244 In den Flyern für die Andachten im Dezember macht sich die Bezeichnung „Passionsandacht" nicht so gut.

245 Leider gibt es die begehrte Aufnahme des Vortrags diesmal nicht. Das Kabel steckte in der falschen Buchse.

246 Leider gibt es die begehrte Aufnahme des Vortrags diesmal nicht. Der Pegelregler stand auf 0.

247 Auf der Strecke des Martinsumzugs ist seit heute früh eine Baustelle. Kein Durchkommen.

248 Alle Liedblätter sind gedruckt, da fällt auf, dass der Verstorbene schon 1033 geboren ist.

#*249* Als die ersten Töne der Bachschen Johannespassion erklingen, erbleicht der Tenor: Er hat Matthäus vorbereitet.

#*250* Für die Fotodokumentation ist alles da: Kamera, geladener Akku, extra Fotograf. Nur keine Speicherkarte.

#*251* Der Referent ist leider in den falschen Zug gestiegen und momentan richtig weit weg.

#*252* Der Auftritt verzögert sich: Der Chor muss durchs Fenster aus der Sakristei, die Tür klemmt.

#*253* Das Handy des Referenten landete mit Tischdecke und Rotweinfleck kurzfristig in der Waschmaschine.

254 Der Kirchenführungsteilnehmer „kennt sich hier aus" und aktiviert zielsicher die Alarmanlage.

255 Auf dem Laptop läuft der Film. Der Beamer zeigt nur ein schwarzes Rechteck.

256 Die für die Auswertung wichtigen Moderationskärtchen wurden vom Hausmeister entsorgt.

257 Der Gastpfarrer wirft den Kirchenschlüssel in den Pfarramtsbriefkasten. Sein Autoschlüssel liegt in der Kirche.

258 Erst nach sorgfältigem Schreiben der Predigt erfährt der Vertretungspfarrer: Es ist Familiengottesdienst. Ohne Predigt.

259 Wenn sich Urlaubsvertretungspfarrer nicht absprechen, gibt's drei Mal nacheinander den gleichen Predigttext.

260 Die Sekretärin ruft diese Mailadresse nicht mehr ab. „Da schreiben zu viele."

261 22:00 Uhr: Niemand hat die Kleingruppe im Nebenraum bemerkt. Jetzt ist die Tür zugesperrt.

262 Der Laptop des Referenten spinnt. Erst nach dem improvisierten Vortrag findet sich die Funktastatur unter seiner Tasche.

263 Pech für den Pfarrer: Diese Predigt aus dem Internet hielt die Kollegin schon letzte Woche.

 # 264 Der Hausmeister hielt die Tagungsunterlagen für Altpapier. Der Container wurde heute geleert.

 # 265 Die Maria war bei allen Krippenspielproben pünktlich. Aber an Heiligabend ist sie, wie jedes Jahr, bei Oma.

266 Dass die verwendete Spezialschriftart auf dem anderen PC nicht installiert war, fällt erst nach dem Druck auf.

267 Bei der Probe klappte es noch.

268 15 mal 20 Seiten wurden perfekt ausgedruckt und geheftet. Nur: Die letzte Seite liegt oben.

269 Um Absprachen zu sparen, predigt der Gastpfarrer über ein Weihnachtslied. Wie die Kollegin gestern.

270 Die Orgel leitet den Abendmahlsteil ein, der Pfarrer erbleicht: Das ist nicht in seinem Ordner eingeheftet.

271 Sonst hat der Mesner die Lichterketten immer vor dem Schmücken des Weihnachtsbaums getestet. Nur diesmal nicht.

272 5000 Programmhefte sind gedruckt. Leider nochmal die vom letzten Jahr.

273 Der wichtigste Absatz des Artikels ist beim Layout irgendwie verlorengegangen. Ohne ihn gibt es keinen Sinn.

274 Der Gesprächskreis steht zwei Mal im Gemeindebrief. Gleiches Datum, verschiedene Themen und Uhrzeiten.

275 Der Mesner hat die kurz vor dem Gottesdienst gestimmte Gitarre auf die Heizung gelegt.

 # 276 Die aufwendige Lichtinstallation wirkt nicht so richtig. Um 19:00 Uhr ist's einfach noch nicht dunkel.

 # 277 Zur Einstimmung auf die Passionsandacht spielt die Organistin den Schneewalzer.

 # 278 Den zweiten Gottesdienst im Nachbarort muss der Pfarrer auswendig feiern. Die Mappe liegt noch drüben.

 # 279 Kirchensonntage haben seltsame Namen. Trotzdem heißt es Okuli und nicht Okulti.

 # 280 Zehn Minuten täglich scheint die Sonne durch das kleine Fenster auf die Leinwand. Nämlich genau jetzt.

 # 281 100 Briefe mit persönlicher Anrede eingetütet. Auf den Umschlägen stehen jeweils andere Namen.

 # 282 Die Behälter für Abendmahlswein und Reinigungsalkohol sahen sich einfach zu ähnlich.

 # 283 Bei der zweiten Trauung am gleichen Tag stehen noch die Namen des ersten Brautpaars in Pfarrers Mappe.

 # 284 Dass der Datumsstempel auf „71. Februar" stand, fällt erst nach dem 120. Stempelvorgang auf.

 # 285 Der Referent hat den Zug verpasst, weil sein Laptop vor dem Herunterfahren noch Updates installieren musste.

 # 286 Keiner erinnerte sich an die unverbindliche Terminabsprache. Außer der Referent. Der wartet am Bahnhof.

 # 287 Am Ostermorgen scheint die Sonne genau auf den auf dem Altar vergessenen Traubensaft-Getränkekarton.

 # 288 Die Verantwortliche hat die Veranstaltungsplanung abgegeben. Der Nachfolger wusste davon leider nichts.

 # 289 Die offizielle Pressemitteilung wurde versehentlich von der privaten Mailadresse „sexyhasi@..." verschickt.

290 Die Oblaten fürs Abendmahl liegen auf dem Altar. Noch eingehüllt in die Zellophan-Transportverpackung.

291 Der Beitrag des bekannten Autors wurde so frühzeitig angefragt, dass er's bis Redaktionsschluss längst vergessen hat.

292 Der Alkohol zur Kelchreinigung steht unterm Altar. In einer braunen 1,5 Liter-Buddel.

293 Nach dem Abendmahl liegt der Traubensaft noch im Einkaufskorb der Mesnerin. Getrunken wurde der Apfelsaft.

294 Der Hausmeister hat die Heizung für morgen Abend programmiert.

 # 295 Der berühmte Musiker wünscht Tee. In diesem Haus gibt's keine Teebeutel, nicht mal einen Wasserkocher.

 # 296 Der Referent musste mal auf Toilette. Den Zentralschlüssel hat er dann wohl mit heim genommen.

 # 297 Zwei Minuten vor dem Abschiedsgottesdienst platzt der oberste Knopf am Talar ab.

 # 298 Bei sieben Taufen sollte man erst mal prüfen, ob das Wasser in der Kanne für alle reicht.

 # 299 Die Presse kommt zum besonderen Gottesdienst. Das Beffchen liegt zu Hause.

300 Je vertraulicher ein Dokument, desto größer die Wahrscheinlichkeit, dass es auf dem Kopierer liegen bleibt.

301 Ein Windstoß reicht, um die Beerdigungsansprache ins offene Grab zu wehen.

302 Der Großeinkauf für die Freizeit kostet immer mehr, als im Geldbeutel ist.

303 Die Buchungsbestätigung wurde termingerecht ans Tagungshaus gefaxt. Leider nur die leere Rückseite.

304 15000 Flyer an Haushalte verteilt. Der Hinweis „mehr Infos im Internet" führt ins Leere. Leider vergessen.

 # 305 Soundanlagen gehen immer 5 Minuten vor Konzertbeginn kaputt.

 # 306 Auch der Ersatzbeamer für den Ersatzbeamer kann während der Präsentation ausfallen.

 # 307 Der Referent hat sich im Zug so intensiv vorbereitet, dass er vergessen hat, auszusteigen.

 # 308 Die Referentin kann nicht kommen: Das Garagentor klemmt.

 # 309 Der neue Abendmahlskelch glänzt so schön, dass der Pfarrer ganz das Brot-Austeilen vergisst. Keiner sagt was.

309

 # 310 500 Einladungen, 0 Anmeldungen? Oh: Die Antwortadresse war falsch. Unzustellbar.

 # 311 Kaum ist der Talar für vier Tage in der Reinigung, kommt die Anmeldung für eine wichtige Beerdigung. Übermorgen.

 # 312 50 Leute wollen Kaffee trinken. Die Tassen sind verschwunden.

 # 313 Die Pfarrerin hat die Thermoskannen verwechselt. Das Kind wurde mit Kaffee getauft.

 # 314 Kindergartengottesdienst. Der Vierjährige hat seine Fürbitte vergessen. Stattdessen ruft er „Schalke!"

315 „Der Pressetermin mit Bürgermeister und Stadträten? Nein, der war gestern. Wo waren Sie?"

316 Die Gemeindehaustür fällt ins Schloss. Der Schlüsselbund hängt innen an der Zimmertür.

317 Ostersonntag 5:00 Uhr morgens: Osternacht! Nur der Pfarrer liegt noch im Bett.

318 Sonntag früh: Schnell was aus der Kirche holen. Die Pfarrhaustür fällt zu. Pfarrer im Schlafanzug davor.

319 Bei der Tiersegnung pinkelt der Bernhardiner dem Pfarrer ans Bein.

320 Die Veranstaltung wurde zwar detailliert geplant, aber keiner war für die Ausführung zuständig.

321 Kleine Pfarrerskinder spielen gern Verstecken unter Mamas oder Papas Talar. Auch mitten im Gottesdienst.

322 Die Band hat fertig aufgebaut. Das Kabel für den Verstärker fehlt.

323 Gemeindefest mit 500 Besuchern. Keiner hat das Gottesdienst-Liedblatt gemacht.

324 Der Beamer funktioniert, der Laptop auch. Nur das Kabel dazwischen passt nicht.

325 Bei der Freizeitanmeldung wurden einige Häkchen bei „m/w" falsch gesetzt. Zimmereinteilung wird schwierig.

326 Dass beim Ostereiersuchen im Gemeindehaus nicht alle gefunden wurden, merkt man Wochen später am Geruch.

327 Traupredigt mit Luftballon ist super. Er platzt genau während des Ja-Wortes.

328 Der Beamer ist fest an der Decke montiert. Die Batterien für die Fernbedienung sind leer.

329 Ein Besucher hat den falschen Mantel mitgenommen. Den mit dem Generalschlüssel in der Tasche.

 # 330 Die Mesnerin wusste nichts von der Taufe. Die Kirche ist zu und keiner hat den Schlüssel.

 # 331 Der Gottesdienst beginnt um 9:30 Uhr. Der Vertretungspfarrer hat 10:30 Uhr im Kalender stehen.

 # 332 Es gab offenbar noch eine zweite Reisegruppe. Diese hier sitzt jetzt jedenfalls im falschen Reisebus.

 # 333 Den für die Freizeit eingeplanten Jugendbus hat der Hausmeister in die Werkstatt gebracht. Kommt Montag wieder.

 # 334 Auf Pfarrers Tastatur klemmt die 0. Die Organistin hat die falschen Lieder geübt.

335 Die Fürbitte für die verstorbene Oma hätte eigentlich in die andere Taufe gehört.

336 Heimfahrt vom Kirchentag! Keiner aus der Gruppe kann sich an den Namen des Busunternehmens erinnern. Suche schwierig.

337 Wenn man extra nochmal ins Büro fährt, um die Unterlagen zu holen, sollte man sie dann auch mitnehmen.

338 In die Powerpoint-Präsentation eingebaute Videos funktionieren grundsätzlich nie.

339 Das Buffet ist lecker. Leider reicht es nur für die Hälfte der Gäste.

340 Die Präsentation auf dem USB-Stick enthält leider nur die Folien ohne Bilder.

341 Auf dem USB-Stick ist nur eine Verknüpfung auf die eigentliche Datei gespeichert.

342 Im Tagungshaus ist die Großveranstaltung ein Jahr zu früh eingeplant. Nächstes Jahr ist ausgebucht.

343 Zum liebevoll vorbereiteten Familiengottesdienst kommen zwei Familien und ein unangemeldeter Seniorenbus.

344 Es eilt! Die Druckerpatronenverpackung ist ohne Schere nicht zu öffnen. Schere nicht zu finden.

345 Leider gibt es die begehrte Aufnahme des Vortrags diesmal nicht. Das Aufnahmegerät lag daheim.

346 Die nächste Folie soll der Höhepunkt der Präsentation werden. Stattdessen stürzt der Laptop ab.

347 Der Animationseffekt, auf dem die Präsentation aufbaut, funktioniert in dieser PowerPoint-Version nicht.

348 Das Original des Zuschussantrags wurde vom Einzelblatteinzug des Kopierers völlig zerstört.

349 Dass auf dem wichtigen Bestätigungsbrief keine Adresse draufstand, weiß jetzt nur die Post.

350 Das waren sicher tolle Fotos von der Veranstaltung! Leider hat die Speicherkarte nun einen Fehler.

351 Leider stand die Kamera für die Fotodokumentation auf „Film" statt auf „Foto".

352 Das herumstehende Equipment der morgen spielenden Band stört die Atmosphäre beim Meditationsabend kaum.

353 Totengedenken am Kriegerdenkmal. Nebenan spielt die Band beim Jugendgottesdienst „Knocking on heaven's door".

354 Die Post hat das Paket mit den Plakaten verloren. Für Nachproduktion ist's zu spät.

355 Das alkoholfreie Abendmahl muss ausfallen: Der Traubensaft ist schlecht.

356 Das alkoholfreie Abendmahl muss ausfallen: Die Jugendgruppe gestern hat den Traubensaft getrunken.

357 Dieses Brautkleid ist einfach zu ausladend. Die Braut passt nicht durch die Kirchentür.

358 Wegen Zugverspätung kommt der Hauptredner exakt zum Ende der für ihn eingeplanten Zeit an.

359 Die Einladung für die vertrauliche Sitzung ging aus Versehen an den Mailverteiler für alle Ehrenamtlichen.

 # 360 Das Brautpaar steht vor der Kirche. Der Pfarrer hat's vergessen. Er ist gerade Einkaufen.

 # 361 Ein winziges Feuer in der Küche kann problemlos das Essen für 200 Personen ungenießbar machen.

 # 362 Nach sechs Taufen ist zur großen Überraschung der Pfarrerin noch ein Täufling übrig.

 # 363 Oh: Genau das gleiche Dankeschön-Geschenk für die Ehrenamtlichen gab's auch schon letztes Jahr.

 # 364 Das fest eingeplante Jugend-Helferteam sagt zwei Tage vor der Veranstaltung wegen eines anderen Termins ab.

365 Der Luftballonflugwettbewerb klappt nicht. Die angehängten Postkarten sind zu schwer.

366 Der Schrank mit dem Beamer war noch nie zugesperrt. Wo ist der Schlüssel?

367 Die Alarmanlage reagiert einwandfrei. Auch auf nachts um 3:00 Uhr von der Kirchendecke herabschwebende Gasluftballons.

368 Der Luftballonwettbewerb fällt aus. Aber die jugendlichen Helfer hatten viel Spaß mit dem Helium.

369 Nachts um 11:00 Uhr nur noch schnell den Jugendbus gegen eigenen PKW tauschen. Wer hat diese Schranke abgesperrt?

370 Der Grill für die Mitarbeiterfeier ist da. Und Kohle. Ist aber ein Gasgrill.

371 Schöner ökumenischer Gottesdienst. Leider dachten beide Pfarrer, der andere würde predigen.

372 Das Gemeindefest muss bei schönstem Wetter drinnen stattfinden: Der Rasen wurde gestern neu angesät.

373 Die Taufe war wunderschön, aber sehr kurz. Oh: Der Pfarrer hat die Predigt vergessen.

374 Die Kindergruppe vermisst die Teppichstück-Sitzpolster. Dafür hat der Posaunenchor neue „Sabberlappen".

375 Die eigens erstellte Website wird am Veranstaltungstag durch ein kleines Software-Update unbrauchbar. Keiner merkt's.

376 Zwei Wochen nach der Veranstaltung wird das vermisste Paket mit den Plakaten endlich zugestellt.

377 Wegen eines Staus auf dem Hauptzufahrtsweg kommen drei Viertel der Teilnehmenden erst zum Ende des Vortrags.

378 Samstag früh. Trauung in der Nachbargemeinde ist perfekt vorbereitet. Was der Pfarrerin fehlt: Die Uhrzeit.

379 Die Band hat leider auf der falschen Bühne aufgebaut.

 # 380 Die Beerdigung verzögert sich: Für den Witwer war kein Rollstuhltransport zum Friedhof bestellt.

 # 381 Die Taufe muss warten. Gleichzeitig war noch eine Hochzeit in der Kirche geplant.

 # 382 Die Tagungsunterlagen konnten nicht gedruckt werden. Die gesamte IT ist am Vorabend zusammengebrochen.

 # 383 Technischer Fehler: Die wichtige Mitteilung wird nicht wie vorgesehen zeitgesteuert veröffentlicht.

 # 384 Vertrauliche Gespräche sollte man nicht im Zug führen. Vor allem, wenn die Lokalredakteurin nebenan sitzt.

385 Technischer Fehler: Die noch vertrauliche Mitteilung wird viel zu früh zeitgesteuert veröffentlicht.

386 Ein Spaziergänger hielt den Nachtwanderungs-Schatz für einen Leichensack. Die Polizei ist schon da.

387 Klarsichthüllen sind oben offen. Ein Glas Sekt in den Planungsordner kippen ist sehr effektiv.

388 Die Abendmahlskanne steht auf dem Altar wie immer. Blöd nur, dass kein Wein drin ist.

389 „Liebe Gemeinde, der Predigttext für heute steht bei … äh … hab ich nicht aufgeschrieben."

 # *390* Der Blickkontakt zwischen Pfarrer und Organistin wird durch einen Blumenstrauß erheblich beeinträchtigt.

 # *391* Die Organistin hat zwar die richtige Liednummer bekommen, sich aber verlesen. Spielt jetzt irgendwas anderes.

 # *392* Die Predigtänderungen, für die der Pfarrer extra früh aufstand, sind auf seinem Tablet nicht mehr angekommen.

 # *393* Die Kindergruppe gerät mit ihrem Räuber-und-Gendarm-Spiel mitten in einen echten Polizeieinsatz.

394 Der beim Geländespiel brutal gefilzte gegnerische Spion entpuppt sich als unbeteiligter Jogger.

395 Das Gesundheitsamt hat den Caterer kurz vor der Auslieferung wegen Hygienemängeln geschlossen.

396 Die Druckerei hat das dringend benötigte Paket leider an die falsche Kirchengemeinde geschickt.

397 Dieses Festplatten-Bereinigungs-Programm hat leider auch die Predigt für morgen weggeputzt.

398 Der Vortrag ist auf USB-Stick gespeichert. Leider hat der Ur-alt-PC im Büro gar keinen USB-Anschluss.

 # 399 Kurz vor der nächsten runden Zahl fällt dem Autor einfach gar nichts mehr ein.

 # 400 Die Eintrittswahrscheinlichkeit jeder Veranstaltungsregel erhöht sich um 500%, wenn der Chef zur Beurteilung kommt.

 # 401

Wie es zu diesem Buch kam

Zu einem kleinen Gesprächskreis waren fünf Personen angemeldet. Sechs kamen, darunter immerhin zwei der angemeldeten. Das veranlasste mich, auf Twitter zu schreiben:

kirchliche Veranstaltungsregel #1: Es kommen nicht die, die sich angemeldet haben. Aber ungefähr genau so viele.

Nach den positiven, amüsierten Reaktionen folgten bald Regel Nummer 2, 3, 4 …

Ungefähr bei Nummer 20 hatte sich schon eine kleine Internet-Fangemeinde gebildet. Ich ließ mich zu dem Versprechen hinreißen: Wenn ich es bis Nummer 285 schaffe, mache ich ein Buch daraus. Nie hätte ich gedacht, dass ich dieses Versprechen wirklich einlösen müsste und dass es sogar noch mehr Regeln werden würden. Doch insbesondere durch die Beiträge meiner Leserinnen und Leser ist es nun tatsächlich dazu gekommen.

Sind alle diese Dinge wirklich geschehen?

Sagen wir so: In jedem Satz steckt mindestens ein Körnchen Wahrheit. Manche sind anonymisiert, etwas umgearbeitet, extrapoliert … Nur die Nummer 169 halte ich selbst eher für gut erfunden.

Bei manchen „Regeln" hatte ich ursprünglich dazu geschrieben „Wahre Geschichte", denn sie klingen einfach zu unglaubwürdig. Hier im Buch habe ich diesen Hinweis weggelassen. Wenn etwas besonders unwahrscheinlich klingt – dann ist es vermutlich genau so (oder so ähnlich) geschehen.

Und ja: Auch die Titelgeschichte mit den Ringen ist tatsächlich so passiert.

Machen Sie's besser. Oder noch lieber: Machen Sie selber Fehler und haben Sie Mut, darüber zu lachen. Viel Spaß beim Lesen!

Schweinfurt, Januar 2015

Heiko Kuschel

Danke

Die auf den folgenden Seiten genannten Menschen und Einrichtungen haben über Twitter, Facebook, durch Erzählungen, eigenes Handeln oder auch durch Zeitungsberichte mehr oder weniger freiwillig zu diesem Buch beigetragen. Vermutlich fehlt der ein oder andere Name in dieser Liste. Das ist dann eine Abwandlung von Regel Nummer 21. Tut mir Leid.

Beigetragen haben:

Die Twitter-Accounts

@sanczny

@unvirtousabbey

@Alba_saluda

Astrid Adler

Michaela Aichberger

Jörg Aumann

Bachwoche Ansbach

Judith Balß

Julian-Alexander Bauer

Marion Beck-Winkler

Barbara Becker

Christuskirche Schweinfurt

Evangelisches Bildungswerk Schweinfurt

Martin Braun

Ivar Brückner

Heinrich R. Bruns

Mischa Czarnecki

Knut Dahl

Jörg Dittmar

Daniela Dreuth

Eugen Drewermann

Dropbox

Drupal

Astrid Eichhorn

Papst Franziskus

Friedenskirche Potsdam

Gustav Gunsenheimer

Benedikt Heider

Heideschule Schwebheim

Manfred Herbert

Maria Herrmann

Johannes Hofmann

Martin Horstmann

Christoph Hübener

Leo Jäger

Stefan Jaskulla

Matthias Jung

Stefanie Kienle

Deutscher Evangelischer Kirchentag

Lothar M. Kirsch

Christian Klug

Thorsten Kneuer

Florian Kohl

Lilian Kura

Werner „Tiki" Küstenmacher

Landessynode der Evangelisch-Lutherischen Kirche in Bayern

Carsten Leinhäuser

Sascha Lobo
Heike Matthiesen
David McKay
Stefan Menz
Mesnerhaus St. Johannis Schweinfurt
Frank Muchlinsky
Gregor Mühleck
Christiane Müller
Dorothea Neubert
Maria João Pires
Horst-Peter Pohl
Herold „Poppy" Popp
Andrea Rehn-Laryea
Uwe Reuter
Daniela Schmid
Monika Roth-Stumptner
Güntzel Schmidt
Carolin Schneider
Elke Schönbeck
Claudia Schramm
junge stimmen schweinfurt

Julia Simon
Christian Spließ
Sabine Triebel
Ute Weber
Katharina von Wedel
Ines Weinmann
Christa Weinzierl
Mechthild Werner
Frieder Wunderlich
Matthias Ziegler
eine unbekannte dauertelefonierende Frau im ICE 728

Danke insbesondere an meine Tochter Anne. Ohne ihre Illustrationen wäre dieses Buch ziemlich trocken geworden.

Und auch nicht so dick.

Außerdem hat es sehr viel Spaß gemacht!

Mehr von Heiko Kuschel

Plötzlich bist du da

Gedichte und Gebete für ein Frühchen

Hardcover   19,90 €
ISBN 978-3-8482-1642-0

broschiert   9,90 €
ISBN 978-3-8448-1565-8

E-Book   7,99 €

Nele wird zu früh geboren. Mehrere Wochen muss sie in der Klinik bleiben, bis ihre Familie sie endlich nach Hause holen darf. Die Zeit des bangen Wartens und der Vorfreude hat Neles Vater in sehr persönliche Worte gefasst. Elf berührende Kurztexte zeugen von zärtlicher Vaterliebe, Hilflosigkeit und festem Glauben.

www.ploetzlichbistduda.de

Die Sonne ist ein Säugetier

Wortspiele, Sinnverdreher und andere Sprachspielereien

broschiert   5,90 €
ISBN 978-3-8482-0167-9

E-Book   4,49 €

Wollten Sie schon immer wissen, was ein Sparsch ist? Was die Einwohner Lettlands mit Frachttransporten zu tun haben? Oder welch leckere Dinge ein Konditor aus Pilzen zubereiten kann? Hier finden Sie ein Sammelsurium von Sprachspielereien, kreativen Buchstabenverdrehern und logischen Unmöglichkeiten. Jeden Morgen um 9:00 Uhr twittert der „Textchaot" einen neuen Spruch – das Beste aus gut zwei Jahren finden Sie in diesem Buch versammelt.

www.textchaot.de

Ich bin Mose

kirchliche Kunstwerke erzählen

broschiert 7,90 €
ISBN 978-3-7347-4264-4
E-Book 4,49 €

Zweimal im Jahr, mitten in der Nacht in der dunklen Schweinfurter Johanniskirche: Ein Lichtstrahl beleuchtet eine einzelne Figur. Sie scheint zu erwachen. Erzählt aus ihrem Leben, klagt, lobt Gott, predigt und verzagt auch manchmal. Andere Figuren und Kunstwerke stimmen ein. Literarische Texte aus allen Epochen verweben sich im Dunkel mit leiser Musik.

Zur Ruhe kommen im Dunkel der Nacht. Nachdenken über Fragen des eigenen Lebens. Den Kirchenraum neu entdecken. Kirchenführung, Advents- oder Passionsandacht, literarische Lesung, Liederabend: Die Schweinfurter „Klänge in der Nacht" haben von all diesen etwas und sind doch mehr als das.

In diesem Buch finden Sie Texte aus den ersten zehn „Klängen in der Nacht". Zum Nachlesen und Nachspüren. Zum Träumen und Hoffen. Ein ungewöhnlicher Zugang zur Kunst, nicht nur für Schweinfurter.

www.ichbinmose.de

www.kuschelkirche.de